D1664131

Graphische Gestaltung und Illustrationen: Zapp
Deutsche Adaptation: Gabriele Messinger

© 1995 Tormont International Ltd.
21/F Kiu Fu Building
300-306 Lockhart Road
Wanchai, Hong Kong
Tel.: (852) 2587 1199
Fax: (852) 2824 6137

ASCHENPUTTEL

TORMONT
INTERNATIONAL LIMITED

Es war einmal ein reicher Mann, dessen
Frau lag im Sterben. Da rief sie ihr
einziges Kind zu sich ans Bett und sprach:
„Liebes Töchterlein, ich werde nun bald
sterben, aber der liebe Gott wird dich
immer beschützen, und ich werde dich
vom Himmel aus sehen und immer um
dich sein."

Ein Jahr nach dem Tode seiner
Gemahlin nahm sich der Mann eine neue
Frau. Diese hatte zwei Töchter, die waren
hochmütig und hatten ein hartes Herz.

Da begann eine
schwere Zeit für das
Stieftöchterlein. Die
beiden Stiefschwestern
nahmen ihm seine
Kleider weg und
ließen es wie eine
Dienerin hart und
schwer für sich
arbeiten. Und am Abend, wenn es müde
war, durfte es sich in kein Bett schlafen
legen, sondern mußte neben dem Herd in
der Asche liegen. Deshalb nannten sie es
Aschenputtel.

Und obwohl es von morgens
bis abends schwere Arbeit
tun mußte, beklagte
es sich nie.

Es trug sich aber zu, daß der König ein
Fest veranstaltete, zu dem alle Mädchen
im heiratsfähigen Alter eingeladen waren,
damit sich der Prinz eine Braut aussuchen
konnte. Als die beiden Stiefschwestern das
hörten, befahlen sie:

„Aschenputtel, kämme uns das Haar,
putze uns die Schuhe! Wir gehen zum
Fest des Königs."

Aschenputtel tat, wie ihm geheißen
war, wurde aber sehr traurig, weil es auch
gerne zum Ball gegangen wäre.

Da bat es die Stiefmutter um Erlaubnis.

Die Stiefmutter aber ging in die
Küche und schüttete ihr eine
Schüssel Linsen in die Asche.
„Wenn du die in zwei Stunden
wieder ausgelesen hast, so darfst
du mitgehen."

Als die Stiefmutter die Küche
verlassen hatte, ging Aschenputtel
zum Fenster und rief:

„Ihr Vögelein, helft mir lesen, die guten ins Töpfchen, die schlechten ins Kröpfchen."

Da kamen die Täubchen und alle anderen Vögelein hereingeflogen und lasen pick, pick, pick schnell alle guten Linsen in die Schüssel.

Als Aschenputtel seiner Stiefmutter aber
die Schüssel mit den Linsen brachte,
sprach diese: „Du hast keine Kleider und
kannst nicht tanzen. Du kommst nicht
mit! Mit dir werden wir nur ausgelacht!"

Ohne noch ein weiters Wort zu verlieren, drehte sie sich um und stieg mit ihren beiden Töchtern in die bereits vorgefahrene Kutsche und eilte fort. Aschenputtel aber wurde noch trauriger und begann, bitterlich zu weinen.

Da erschien plötzlich ein grelles blaues
Licht um Aschenputtel, aus dem eine gute
Fee trat und sprach: „Sei nicht traurig,
Aschenputtel! Du wirst zum Ball gehen.
Lauf schnell in den Garten, und bringe
mir einen Kürbis, sechs Mäuse und eine
fette Ratte!"

Aschenputtel eilte sich sehr und
brachte bald das Gewünschte. Da
berührte die Fee den Kürbis mit ihrem
Zauberstab, und sofort verwandelte
sich das dicke, runde Gemüse
in eine Kutsche. Aus den
sechs Mäusen wurden
stattliche Schimmel, und
aus der Ratte ein stolzer
Kutscher.

„Und hier das Ballkleid", sagte die Fee. Im nächsten Moment war Aschenputtel in ein prächtiges, glänzendes Kleid gehüllt, wie man noch keines gesehen hatte. Sie trug Ohrringe aus Kristall, und eine Rose schmückte ihr Haar. Zuletzt zauberte ihr die Fee gläserne Schuhe.

Zum Schluß ermahnte die Fee Aschenputtel:
„Du mußt um Mitternacht den Ball verlassen haben. Dann endet die Zauberkraft,
und der Kutscher und die Schimmel werden
wieder zurückverwandelt!"

„Ich werde es nicht vergessen",
antwortete das glückliche Aschenputtel.

Als Aschenputtel den Ballsaal betrat,
verstummten alle Gäste vor Staunen über
seine große Schönheit.

„Wer kann sie nur sein?" flüsterten sie,
und sogar seine Stiefschwestern erkannten
es nicht und hielten es für eine fremde
Königstochter.

Der Prinz aber hatte nur Augen für Aschenputtel. „Ich habe dich nie zuvor gesehen. Wer bist du?" fragte er.

Aschenputtel, das sein Geheimnis nicht verraten wollte, antwortete nicht, sondern lächelte ihn so bezaubernd an, daß der Prinz nicht mehr weiterfragte.

An diesem Abend tanzte der Prinz nur mit
Aschenputtel. Und bald merkte er, wie
sehr sein Herz nach ihm verlangte.

Auch Aschenputtel war so glücklich,
mit dem Prinzen zu tanzen, daß es darüber
die Zeit vergaß. Wie überrascht war es,
als die Uhr Mitternacht schlug. Erst jetzt
erinnerte es sich an die Warnung
der Fee.

Ohne auch nur ein Wort zu sagen, rannte es aus dem Ballsaal. Auf der Treppe aber verlor es einen Schuh. Aschenputtel lief jedoch weiter, so schnell es konnte. Da bemerkte es, daß es wieder seine alten Kleider anhatte und der Zauber aufgehoben war.

Der Prinz jagte hinter Aschenputtel her,
konnte es aber nicht mehr sehen. Nur
seinen gläsernen Schuh fand er auf der
Treppe und brachte ihn zu seinem Vater,
dem König.

   „Vater, ich möchte die zur Frau
nehmen, an deren Fuß dieser Schuh
paßt", erklärte er. „Willst du mir helfen,
sie zu finden?"

Am nächsten Morgen sprachen die beiden Stiefschwestern von nichts anderem als von dem Ball der vergangenen Nacht. Sie versuchten, Aschenputtel neidisch zu machen, erzählten, wie herrlich es auf dem Fest gewesen sei. Auch berichteten sie ihm von dem verlorenen Schuh, und daß der Prinz diejenige heiraten werde, der der Schuh passe. Die beiden Schwestern freuten sich, denn sie glaubten, daß einer von beiden der Schuh schon passen werde.

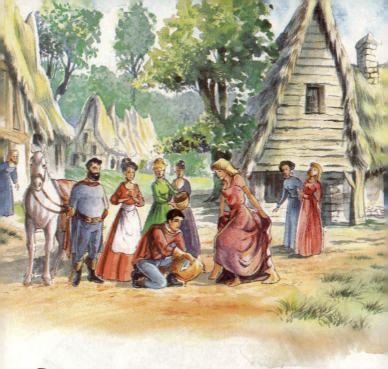

Der Prinz reiste durch das ganze
Königreich, aber welche auch immer den
Schuh anprobierte, keiner wollte er passen.
Schließlich gelangte er zu Aschenputtels
Haus.

    Beide Schwestern versuchten, mit ihrem
Fuß in den Schuh hineinzukommen, aber
der Schuh war zu klein.

„Habt Ihr nicht noch eine andere Tochter?" fragte daraufhin der Königssohn. „Nur noch Aschenputtel, aber das kann nicht die rechte Braut sein." Der Prinz bestand jedoch darauf, daß Aschenputtel den Schuh auch anprobieren sollte. Da war die Überraschung groß, denn ihm paßte der Schuh wie angegossen.

„Aber es war nicht einmal auf dem Ball!"
riefen da seine Schwestern erschrocken.
In dem Moment erkannte der Prinz
Aschenputtel und nahm es mit auf seinem
Pferd zum Schloß. Als kurze Zeit später
die Hochzeit gehalten wurde, kam eine
weiße Taube herabgeflogen und setzte sich
Aschenputtel auf die Schulter. Sie brachte
ihm einen Gruß der Mutter, die ihr Liebe
und Glück wünschte.